RÉPONSE

AUX

DEUX 1res LETTRES

AUX NORMANDS

DE M. LE Vte DE TOCQUEVILLE ;

PAR UN HABITANT DU BOCAGE.

Seconde Edition.

A CHERBOURG, chez **BOULANGER**,
A VALOGNES, chez **BONDESSEIN**, } Imprimeurs.
A SAINT-LO, chez **J. ELIE**,
A PARIS, chez **LANCE**, Libraire, rue du Bouloy, nº 7.

JANVIER 1835.

IMPRIMERIE DE J. ELIE, A SAINT-LO.

RÉPONSE

À LA 1ʳᵉ LETTRE AUX NORMANDS

DE M. LE Vᵗᵉ DE TOCQUEVILLE. (1)

Du Bocage, 4 novembre 1832.

MONSIEUR LE VICOMTE,

JE ne reçois jamais une lettre, sans y répondre dans les 24 heures. Cette ponctualité vous est un sûr garant de la régularité d'une correspondance commencée par vous, et dont vous seul marquerez la fin.

LA RÉVOLUTION DE 1830 ! tel est l'objet de votre première épître. Vous rappelez les avant-coureurs de *ce grand événement* (2), *le plus extraordinaire des temps mo-*

(1) Cette première lettre, imprimée à Cherbourg, chez Noblet, est datée de *Nacqueville*, 20 *octobre* 1832.

(2) Les caractères italiques indiquent généralement les expressions de M. de Tocqueville.

dernes (p. 5) ; vous en retracez les suites dans un but hostile aux Trois-Jours ; l'éclat des figures vous sert à pallier les faits majeurs, ou du moins à les présenter sous l'aspect qui sourit à vos regrets et à vos espérances. Moins prodigue d'images, je serai plus fidèle à la vérité.

Et d'abord, quoi que vous disiez, M. le vicomte, la postérité *osera ajouter foi à la catastrophe que nous vîmes arriver si vite* (p. 5). Ce ne seront pas seulement les témoignages moraux des contemporains qui la feront certaine des merveilles de juillet. En étudiant l'histoire de la restauration, nos neveux auront été préparés à la grande semaine. Ils trouveront ce drame dans toutes les règles de l'art : c'est du plus pur classique, M. le vicomte :

> L'esprit ne se sent point plus vivement frappé
> Que lorsqu'en un sujet, d'intrigue enveloppé,
> D'un secret tout-à-coup la vérité connue
> Change tout, donne à tout une face imprévue. *Boileau.*

Ainsi que dans les meilleures pièces, les diverses péripéties de la restauration ont amené un dénouement d'autant meilleur, que peu de spectateurs le prévoyaient. Du reste, les véritables *comédiens de 15 ans* étaient ceux qui tenaient prêt ce dénouement, ces criminelles ordonnances, tragique *secret* dont la *vérité* fut enfin *connue*.

— Mais pour amener ce dénouement, comment tant de royalistes s'unirent-ils au parti libéral avant que la charte fût violée ? avant que l'on sût si M. de

Polignac n'apporterait pas d'aussi bonnes lois que M. Laffitte (p. 7)? — Eh'! M. le vicomte ; vous étiez mieux que nous en position de le savoir. Après les élections-Peyronnet (1824), vous avez vu la cause nationale , réduite à un chétif noyau de défenseurs , se recruter chaque jour par l'ascendant de la raison, et devenir enfin cette majorité puissante, qui a tenté d'affermir sur son trône , par les voies constitutionnelles, un roi que la camarilla poussait , à coups de crucifix , aux bords de l'abîme. Le bout des chaînes que montrait à la France le ministère du 8 août, le cri d'alarme universel jeté par la capitale et par les provinces à la vue de la Bourdonnaye , l'homme des catégories ; de Bourmont, l'homme de la trahison ; de Polignac, l'homme de Montrouge ; ce haineux concert de l'opinion publique fut , pour les vrais amis du trône, un ordre d'éclairer le monarque sur les écueils qu'on lui cachait ; pour les vrais amis de la France , un devoir de lui prêter courageusement leur appui dans la crise nouvelle que lui préparaient ses incorrigibles adversaires. Ce n'était point , comme vous le supposez , que la personne des ministres déplût (p. 8) : c'était leur passé qui excitait la haine ; c'était leur avenir qui inspirait l'épouvante : leur présent ne faisait que pitié.

Vous trouvez qu'alors *la perplexité de Charles X dut être bien grande* (p. 10). — Si cet entêté vieillard eût voulu prêter l'oreille à la grande voix de l'opinion publique , sa position n'avait rien d'embarrassant : le nœud se dénouait par une main royale , comme celui de plusieurs drames antiques par une main divine. Ce que vous appelez *une abdication morale* (p. 10) ouvrait au monarque une source de bénédictions populaires : la *prérogative* était *gouvernée?* oui, j'en conviens, *gouvernée*, c'est-à-dire, liée pour le mal, mais libre pour le bien.

Cette liberté n'est point celle du bon plaisir : on la fit envisager comme humiliante ; et, dans la nuit du 25 juillet, le gant du défi fut jeté à la souveraineté de tous par la souveraineté d'un seul. L'héroïsme le ramassa : le fer aussitôt croisa le fer ; les pavés patriotes répondirent à la mitraille bourbonnienne, et la victoire couronna la justice.

On n'examina point alors, comme vous le voudriez, les *longs titres de gloire du drapeau blanc*, pas plus que la suite d'aïeux du roi-chevalier. L'un et l'autre furent proscrits ; et les *années* (p. 11) du drapeau tricolore prévalurent sur les *siècles de l'autre*.

Avant de vous accompagner à la poursuite des trois couleurs, permettez que je vous arrête à contempler, dans son triomphe, cette révolution mémorable, à qui vous avez tant de comptes à demander.

La voilà, trônant dans Paris. Ceux qui la provoquèrent sont dans sa main : les écrasera-t-elle en la fermant ? Quinze ans le courroux s'est amassé dans son âme : va-t-il en déborder sur la tête de ses ennemis ? Le sang est-il réclamé comme prix du sang ? Rien de semblable : ce n'est pas une restauration ! Armée pour défendre les lois contre le parjure de Reims, au cri de liberté elle a mêlé celui d'ordre public , et la clémence est le premier attribut de sa force : « Imprudent Charles X , fils stupide du roi-chasseur , et toi , qu'ils nommèrent l'enfant du miracle , frêle artisan de discordes futures , ne hâtez point vos pas ; traversez lentement ces populations dont le patriotisme se gardera d'insulter à votre infortune. A Cherbourg , deux vaisseaux vous attendent. Voilà de l'or pour le voyage : puissent les vents vous être favorables , et ne jamais s'accomplir vos vœux de retour ! » Oh ! convenez que ce langage est digne , que cette conduite est belle ; qu'héroïque enfin dans sa lutte , la révolution fut admirable dans sa victoire.

Votre peur sans doute la rêvait plus turbulente , et vous lui reprochez aujourd'hui de n'avoir pas *réveillé le lion de Waterloo.* Son calme a bien trompé les prévisions des légitimistes. Ils espéraient encore dans la griffe du monstre : l'étranger ! l'étranger ! c'était le cri de ces cœurs anti-français. L'étranger a couru aux armes , et sa prudence l'a maintenu sur la défensive.

Vous abandonnez bientôt l'extérieur , et vous vous repliez sur la France de la révolution. *A-t-elle eu la paix intérieure ? Les* pauvres y sont-ils moins pauvres ? *Les hommes de peine ont-ils plus d'ouvrage* (p. 12)?

Il sied bien aux légitimistes de nous adresser ces questions ! quand ils soufflent partout la discorde , quand ils soldent des légions d'assassins dans le midi et dans l'ouest , quand la folle mère du prétendant met en feu la Vendée , est-ce à nous de répondre sur les déchiremens de la patrie? Nous ne sommes point en guerre, et pourtant nous ne sommes point en paix : cet état mixte est fatal aux masses, il paralyse le commerce, il fait asseoir la banqueroute à nos banquets patriotiques, il tue le crédit, il inquiète, il irrite, il donne la fièvre ; et la cause de tant de maux, c'est votre opiniâtre persévérance à jeter le trouble dans nos départemens, c'est votre fanatique ardeur à semer le vent des tempêtes pour rebâtir un trône avec les planches du naufrage.

Vous-même, M. le vicomte, oseriez-vous bien avouer le but de la 1re Lettre que vous nous avez adressée? Nous croyez-vous ces Normands bonasses des pièces de boulevard, toujours finassant et toujours dupes, jouant sur les mots et pris par eux ? Il y a bêtise à supposer les gens trop bêtes.

Défiez-vous plutôt de nos inductions : car enfin, d'où vous vient aujourd'hui cette velléité de nous écrire? Quand vous étiez au Luxembourg, rêvant au futur habit *vert-pomme*, je ne sache pas que vous ayez tenté la correspondance avec nous. La disgrâce humanise, elle vous a fait pamphlétaire : tenez, M. le vicomte, cela nous donne à penser !

Que si vous êtes homme à supporter la franchise, résignez-vous à nous ouïr vous crier que nous ne croyons pas à la vôtre : le mot est dur, et je vous l'interdis à mon égard ; mais comment croire à votre bonne foi, quand vous recueillez les sophismes de vos journaux pour nous pousser dans les voies de la rebellion? Nous sommes plus patriotes que vous ne le pensez, monsieur ; et il nous faudra bien des missionnaires de votre ordre, s'il a juré de nous convertir.

Je poursuis l'examen de votre premier sermon. *Les travaux de Cherbourg ont repris*, dites-vous ; *mais les continuera-t-on* (p. 12)? — Pourquoi pas ? — *On ne fait que poursuivre un travail arrêté par* M. Hyde-de-Neuville (p. 13). Dites plutôt un travail dès long-temps commencé, et fort négligé sous la dernière dynastie.

Vous vous adressez au commerce. Votre parti a tout fait pour le frapper de mort ; vous le croyez ago-nisant, vous triomphez ! *Ses blessures sont toujours sai-gnantes. Le soleil de juillet a frappé sur lui des rayons trop desséchans : l'arbre de la nouvelle liberté n'a pu lui servir d'abri* (p. 13). Voici la vérité. Tout ébranlement social est fatal au commerce. Le nôtre a dû se ressentir d'autant plus de la révolution de 1830, qu'elle a hâté la crise dont il était menacé. Depuis quelques années l'industrie française manquait de prévoyance et de calcul dans la production dont les accroissemens dépassaient l'accroissement progressif de la richesse nationale. Il en devait résulter bientôt engorgement dans les ventes, avilissement dans les prix (1).

Ainsi, de 1818 à 1830, lorsque la richesse natio-nale augmentait annuellement de 1 1/2 à 2 pour cent, l'accroissement annuel a été dans la production du

---

(1) Voir un rapport de M. Ch. Dupin à l'Académie des sciences, sur le Mémoire de M. E. Béres. (*Moniteur* du 1er nov. 1832).

fer, de 4 1/2 pour o/o ; des tissus de coton, de 8 ;
des impressions typographiques, de 10.

Avec une telle disproportion, un peu plus tôt ou
un peu plus tard, une catastrophe était inévitable.

La balance, du reste, se rétablit. Je viens d'avoir
sous les yeux un tableau des élémens variables et
comparés de la richesse nationale de 1830 à 1832
(y compris le 1er semestre de cette année). M. E.
Béres l'a dressé avec soin pour son mémoire *Des
causes du malaise industriel et commercial de la France
et des moyens d'y remédier*. Au risque de vous contris-
ter, M. le vicomte, je vous citerai les observations
de M. Béres sur les chiffres qu'il a rapprochés.

« Ce tableau nous montre à quel point, après le
choc inévitable et violent produit par une révolution,
toutes les sources principales de la fortune publique
et de la fortune privée, se sont, par un mouvement
analogue, rapprochés par degrés de leur fécondité
première.

« Le dernier semestre, mis en parallèle, est, à tous
égards, le plus avantageux ; et pourtant combien de
malheurs ont accablé le peuple français, et ralenti
la renaissance de la prospérité nationale, dans ce
semestre de 1832, dont les trois derniers mois em-
brassent la plus fatale période du choléra, et les
troubles du midi, et les rebellions de l'ouest, et les
malheurs de Paris dans les premiers jours de juin,
et tous ces désastres accumulés dans les six mois où
le prix du pain s'est élevé plus haut qu'il n'avait fait
dans le même laps de temps depuis 14 années! Mais

à partir du second semestre de 1832 ; l'épidémie s'est ralentie dans plusieurs départemens ; elle a déjà disparu de quelques autres ; le prix du blé diminue partout ; l'offre du travail s'élève et se multiplie dans les principaux centres de fabrication et de commerce ; le crédit national a déjà dépassé, de trois centièmes, la moyenne du semestre précédent ; enfin les mouvemens du commerce extérieur sont devenus comparables à ceux de nos époques les plus prospères.

« Ainsi tout nous démontre cette vérité consolante:
» La fortune nationale gravite de plus en plus vers
» le retour à la prospérité stable : les commotions
» les plus violentes ne produisent plus sur elle que
» des dérangemens faibles et passagers ; au lieu d'oc-
» casionner des diminutions absolues, elles atténuent
» seulement des augmentations de revenu public et de
» richesse privée. Enfin, l'industrie de la discorde
» devient de moins en moins productive à ceux qui
» l'exploitent, ce qui doit promptement en éteindre
» le travail perturbateur. »

Cette réfutation est complète, et si vous supposiez de la logique à vos lecteurs, vous rougiriez d'interroger les laboureurs sur l'accroissement de leurs richesses (p. 15). Dans les campagnes aussi bien que dans les villes, l'accroissement du bien-être a pour premier obstacle les divisions fomentées par les légitimistes.

Comme il n'est pas de torches que vous n'agitiez, M. le vicomte, vous rappelez encore le fléau des incendies. — On s'en prenait aux ministres (p. 16).

— Les hommes de sens ne portèrent point cette ac-
cusation : ils crurent, et leur foi se confirme, que les
coups partaient de ce pouvoir invisible dont le nou-
veau Charles-le-Simple, dont le congréganiste Polignac
n'étaient que les premiers agens. Maintenant je vous
copie, car je ne veux affaiblir en rien votre argu-
ment. « Ces coupables, qu'on disait payés par l'ancien
gouvernement, sont tombés sous la main de la justice
d'aujourd'hui : qu'en a-t-on fait ? ils ont été jugés,
condamnés. Eh bien ! sur quelle place publique ont-
ils été exécutés ? nommez le bourreau qui a fait tom-
ber leur tête !.... vous ne répondez pas : citez-moi
donc au moins l'ordonnance royale qui a commué
leur peine ?.... (1) » (p. 16).

Vous ajoutez l'éloquence des points à la vivacité
des interrogations : en pure perte ! M. le vicomte.
Les coupables ont été saisis. — Les coupables ? vous
voulez inutilement nous donner le change : les indi-
vidus que la justice tient en prison ne sont que de
vils instrumens, de criminels intermédiaires entre les
populations alarmées et les exécrables auteurs du
complot. On espère toujours qu'un fait soudain, qu'une
découverte inattendue dévoilera cette trame ténébreuse.
Les condamnés de la Manche et du Calvados peuvent
aider à percer le mystère ; et voilà pourquoi leur
supplice est retardé. Il n'y a plus de révélation dans

---

(1) La peine de Bonnet a été commuée, par ordonnance royale, en
date du 15 septembre 1831. Il subit maintenant celle des travaux
forcés à perpétuité.

la tombe !.... Ainsi l'impatience du parti qui réclame la tête des condamnés accuse ses terreurs ; les délais du gouvernement sont un gage de son innocence , une réfutation permanente des calomnies carlistes.

Vous passez aux journaux dont le crime était de *présenter comme prochain le retour des abus* (p. 16). A cette occasion , vous rivalisez avec eux de libéralisme ; je vous cite pour cela même. « *L'ancien régime expira il y a* 40 *ans. Comment peut-on ressusciter un mort? Chaque siècle s'avance à son tour , apportant avec lui ses institutions , ses mœurs et ses lois; le* 19e *ne peut pas plus qu'un autre rétrograder. Il faut qu'il marche et qu'il accomplisse ses destinées* (p. 17). » Ces dernières paroles , M. le vicomte , sont une belle justification de la grande semaine. La branche aînée des Bourbons a voulu faire *rétrograder* le siècle; le siècle a brisé l'obstacle en trois jours ; car *il faut qu'il marche, qu'il accomplisse ses destinées.* Si Charles X l'eût compris , il serait encore roi de France.

Enfin , dans votre loyale revue de griefs , vous arrivez aux impositions, à ce que vous appelez *la meilleure des éloquences, celle des chiffres*(p. 17). Plus que vous , monsieur , je déplore l'espèce de fascination des deux chambres sur l'impôt des portes et fenêtres; mais déjà on est revenu au mode antérieur , et le jour approche où les autres impôts descendront au-dessous du chiffre de l'ancienne administration (1).

____

(1) Indépendamment de la suppression des 30 centimes additionnels de 1831, les contributions directes ont éprouvé, pour 1832, une diminution très-considérable dans la Manche.

En attendant, sachez que l'augmentation est due à l'imprévoyance du gouvernement congréganiste, qui, n'ayant point à craindre que ses voisins le troublassent dans ses processions, laissait la France désarmée, démantelée, ouverte à tout envahisseur. De grands sacrifices ont été nécessaires pour la mettre sur un pied respectable. D'autres ont été commandés par le besoin de la défendre, à l'intérieur, contre les révoltes flagrantes des amis de nos ennemis. A vous, chevaliers de la légitimité, tout l'odieux des nouveaux tributs !

La police vous inspire une belle tirade (p. 19): eh bien ! sa milice trouve une excuse non seulement dans les bandes armées de la chouannerie, mais dans les émissaires de tout rang, de tout état, de tout sexe, que vous soldez sur tous les points de la France pour amortir le patriotisme et créer l'insurrection.

Je me hâte : aussi bien votre verve d'attaque est épuisée; vous passez au panégyrique du dernier règne (p. 20). Toujours même déguisement de la vérité, même foi à la crédulité normande; c'est au-delà de toute expression.

Comment imputer à l'ex-roi le bien qu'essaya de faire le ministère de 1828? L'éloquent Martignac, dans son zèle mi-royaliste, mi-national, tenta un pacte que repoussa le roi dévot : la congrégation remplaça le sceptre par une épée; l'insensé vieillard voulut frapper; trop tard il reconnut qu'il était dupe d'une phantasmagorie jésuitique, son glaive était de paille !

Toutefois, Charles dut subir les conséquences de ses intentions criminelles. Sa déchéance fut prononcée. La révolution de 1789 fut complétée par celle de 1830. On reconnut que « Pour marcher avec la liberté , il faut un pouvoir plus jeune qu'elle , et qui tienne son droit , non de lui-même , mais de la nation » (*National* du 2 août 1830).

Vous savez le reste, M. le vicomte ; je n'ajoute plus qu'un mot : c'est que le fils de Caroline n'a pas *emporté la fortune de la France* (p. 23). Il trouble cette fortune ; il ne la troublera plus long-temps. A la première crise, elle sortira triomphante ; et la révolution de juillet, plus radieuse que jamais , sera bénie des peuples heureux et fiers de ses deux conquêtes , *l'ordre* et la *liberté*.

RÉPONSE

A LA SECONDE LETTRE AUX NORMANDS

DE M. LE Vte DE TOCQUEVILLE.

Du Bocage, 18 janvier 1833.

FÉLICITEZ-MOI , monsieur le vicomte : j'ai fait un sacrifice à Vulcain. Une longue réponse à votre chevaleresque épître en faveur de la *bonne* duchesse, a, de mes mains, été déposée sur l'autel du dieu : la victime est consumée.

Vous vous doutez bien que le persifflage accueillait ce dévouement d'un homme qui s'offre pour rançon, quand il n'a pas été bouclier; qui se présente comme ôtage, quand il est resté coi, attendant l'issue d'une lutte déplorable.

Vous croyez bien aussi que je discutais votre apologie de la *folle de Naples*; que je broyais des ombres pour votre mensonger tableau.

Oh! si votre héroïne incendiaire était encore en campagne!... Mais le ciel l'a trahie; de solides remparts nous protègent contre sa *bellicosité*..... Paix aux royales infortunes! Paix à la veuve qui, *surveillant avec inquiétude les destins d'une nation sur laquelle devait régner son fils, adoptant toujours pour devise : TOUT PAR LA FRANCE ET POUR LA FRANCE! jalouse de son indépendance et passionnée pour son bonheur* (p. 21), fit élever son fils par les jésuites! Paix à la femme mondaine, qui, pour reconquérir les fêtes d'une restauration prodigue, voulut y préluder par la fusillade de ses stolides Vendéens et de ses Bretons ignares! Paix à la mère aveugle qui tenta d'aborder un trône à travers des flots de sang français!

Paix aux brandons de guerre civile qui s'éteignent, aux sinistres projets de contre-révolution qui avortent, aux stupides rêves d'aristocratie qui s'envolent!

Fin.